Todo lo que Vivimos en el Agua

EVERYTHING WE EXPERIENCE IN WATER

JOSUÉ ENRÍQUEZ-GAMBOA

TRADUCIDO POR
DR. BERNARDO PIERCE

DISEÑO DE PORTADA POR
MARIEL CARRANZA-ESPINOSA

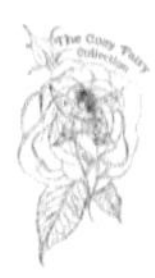

www.RoseAndStoneMedia.com

Narrative Poetry by:
Josué Enríquez-Gamboa

Editing by:
Dr. Bernardo Pierce

Illustrations by:
Mariel Carranza-Espinosa

Library of Congress Control Number: 2026902242

ISBN: 978-1-967007-20-2 (trade paperback)

FIRST EDITION

10 9 8 7 6 5 4 3 2

www.RoseAndStoneMedia.com

Poesía narrativa de:
Josué Enríquez Gamboa

Edición a cargo de:
Dr. Bernardo Pierce

Ilustraciones de:
Mariel Carranza-Espinosa

Número de control de la Biblioteca del Congreso: 2026902242

ISBN: 978-1-967007-20-2 (edición rústica)

PRIMERA EDICIÓN

10 9 8 7 6 5 4 3 2 1

En memoria de Guadalupe "El Negro" Gamboa Chávez

y de Saúl "El Güero" Enríquez Valdés

In memory of Guadalupe "El Negro" Gamboa Chávez

and Saúl "El Güero" Enríquez Valdés

[…]No quiero beberla,

No quiero tomarla,

***No** es la boca mía la que pide agua.*

El alma de seca, de seca

se rasga […]

ALFONSINA STORNI

[…] la poesía nos permite imaginar

que otro mundo es posible

NICTÉ TOXQUI

Todo lo que Vivimos en el Agua

EVERYTHING WE EXPERIENCE IN WATER

[...] A veces me pregunto si hay cosas con mi nombre escrito en la parte de atrás, como los mandiles que usamos en el kínder, por si se pierden y alguien los devuelve. Me gusta pensar que sí: una taza, un alfiler, un amanecer, un cuerpo. Pero no. Ya descubrí el secreto: nada tiene el nombre de nadie. Ni siquiera el tiempo que creí haber perdido leyendo tus viejas cartas o el que guardé en fotografías. La existencia se reparte entre la vida y la muerte como dos hermanas enemistadas que juegan al tira y afloja con los juguetes del universo. Todo lo que creemos tener es apenas un préstamo, un destello antes del apagón. *Te necesito de vuelta, tengo pedidos por delante.* Pero claro, nos gusta etiquetar lo que tocamos, ponerles nombre a las cosas como si así dejaran de huir. Fingimos propiedad. *Un latte y dos capuchinos para llevar.* Jugamos a que todo es nuestro, como si el microgusano se pudiera atrapar. *Dos de azúcar mascabado.* Y por un segundo (el más caro de todos los segundos) llegamos a creer

que la arena sostiene las casas y que el humo algún día será la piedra angular

de todo este desastre.

[…] Sometimes I wonder if there are things with my name written on the back, like the aprons we used at the kindergarten, in case it got lost, somebody could give it back to us. I like to think like that: A cup, a needle, a dawn, a body. But no. I found the secret: Nothing has the name of anybody. Not even the time we believe lost, reading your old letters or saving photos. Existence got distributed between life and death like two feuding sisters who play tug-of-war with the toys of the universe. All we believe we have is just a loan, a sparkle before the blackout. *I need you back, I have orders ahead.* But of course, we like to put tags on whatever we touch, put names on things, like that could stop them from running away from us. Faking ownership. *One latte and two cappuccinos to go.* We play like everything belongs to us, like the microworm could get caught. *Two of brown sugar.* And for a second (the most expensive second of all) we are able to believe

the sand holds up the houses and someday the smoke will be the cornerstone

of this disaster.

So'ham

"I AM THAT"

EL BAILE DE PISCIS

Qué bello eres, pajarito
¿por qué nací humana?
me gustaría ser pajarito
o más que eso
me gustaría ser pececito.

Nadar sin cesar,
que nadie me atrape,
que nadie me oprima,
que piensen que estoy loca,
que piensen que vivo
entre sus manos
para escurrirme después,
volver al agua,
pensarme libre y
no saber,
no saber,
no saber.

No saber que el estanque es chico
más chico que mi cuerpecito.

Por eso me gustaría ser pececito,
para mover las rocas,
para crear la vida
con mis aletas,
para después morirme por la boca.

THE DANCE OF PISCES

How beautiful you are, little bird
Why was I born human?
I would love to be a little bird,
or more than that,
I would love to be a little fish.

Swimming non stop,
with nobody who could trap me
with nobody who could oppress me,
making them think I'm crazy,
making them think I live
in their hands,
slipping away later,
come back to the water
and think about myself free and
don't know,
don't know,
don't know.

Don't know the pond is small,
even smaller than my tiny body.

That's why I would love to be a little fish,
so I could move the rocks,
so I could create life
with my fins,
and later die by my mouth.

ENTROPÍA

Un día
cuando la memoria
no tenga nada que decir,
sólo quedarán
de nosotros
fotos vacías.

Un día
cuando no se hallen nuestros cuerpos
no será culpa mía,
sino del tiempo,
con un ojo llevará la mano,
y el otro,
tuerto.

ENTROPY

One day
when the memory
will not have anything to say
only remains
from us in
Empty photos.

One day
when our bodies could not be found
it will not be my fault
but time.
It will get the hand in one eye,
and the other one,
will be blinded.

LA PEQUEÑA MUERTE

Cuando fui niño
me dormí
y desperté adulto.

Dijeron:
«No te vas a morir si yo no estoy»;
hablaron del futuro,
de lo que vendría después
en una hora desconocida.

Pero no supieron
que me dieron muerte
en ese instante,
con esa sentencia.

Mi muerte se guardó
en el presente,
que luego fue pasado.

Fue una muerte pequeña,
discreta,
que pasó desapercibida,
como muchas otras cosas.

THE TINY DEATH

When I was a boy
I fall asleep
and I woke up as an adult.

They said:
"You will not die if I'm not here"
They talked about the future,
about what will come next,
at an unknown hour.

But they didn't know
they gave me death
in that instant,
with that sentence.

My death was saved
in the present,
that later, was the past.

It was a tiny death
discreet,
that happened unnoticed,
like so many other things.

DESALOJOS INESPERADOS

La vida social se ha vuelto difícil. Es complicado construir un hogar. Aquel lugar donde puedes quitarte los zapatos, estirar las piernas, desplazarte en calzoncillos y no sentir vergüenza. Ese sitio no está aquí, no es posible ubicarlo en la realidad porque la vida transcurre en los nanosegundos, todo termina antes de siquiera empezar; ¿dónde está lo eterno?, ¿en qué día de la semana se quedó?, ¿dónde está ese dios del que me hablaron los abuelos? A veces veo al diablo cuando me espía en los sueños y, me mira con tristeza diciendo que tomaré su lugar después de su muerte, en el día final, por todas las cosas que le hice a Emily. Mientras tanto, los perros se comen mis vísceras. Los pichones se precipitan sobre las milpas y los sandiales. El ángel de la muerte respira detrás de mi nuca, me llama a tomar una copa de vino, quiere posar sobre mí sus pálidos labios. Yo no quiero. Yo no. Yo.

UNEXPECTED EVICTIONS

The social life has become hard. It is complicated to build a home. That place where you can remove your shoes, stretch your legs, walk in underwear, not feel shame. That place isn't here, impossible reality, because life happens in nanoseconds, everything ends before it even starts. Where is the eternal? Which day of the week does it live? Where is that god who my grandparents told me about? Sometimes I see the devil when he spies on me in my dreams and sadly looks at me, saying I will take his place after his death on the Final Day, for all the things I did to Emily. Meanwhile, the dogs eat my entrails. The pigeons fly down to the cornfields and the watermelons. The angel of death breathes down my neck, he calls me to drink a glass of wine, he wants to put his pale lips over me. I don't want that. Not me. Me.

Medios locales informan que un hombre atacó con un arma blanca a una mujer que presuntamente habría dejado las heces de su mascota en la vía pública, esto es lo que sabemos:

...se hicieron de palabra y empezaron a discutir, intercambiaron palabras obscenas, se ofendieron tanto una como la otra, se ofendieron, pero no se agarraron a golpes, pero entonces ella, con el enojo le habló al cuñado y ya el cuñado vino y la atacó. Está grave porque ella padece del corazón aparte, está mal, la macheteó aquí, le puse un torniquete y siguió así más de una hora porque no llegaba la ambulancia y siguió sangrando y sangrando hasta ahorita.

Fin del boletín.

… they were talking and a discussion started, they exchanged some mean words, they offended each other, but they didn't fight. Suddenly, she screamed at her brother-in-law with all the anger she got, and the man came in and attacked her. She is in a critical state because she has heart problems. She's not fine, he hit her with a machete, I put a tourniquet on her and she stayed like that for more than an hour, because the ambulance didn't arrive and she kept bleeding and bleeding until now.

End of newsletter.

INSTINTO MATERNO

La madre dibuja una coleta de caballo
en la niña
le besa la frente,
la lleva a la entrada,
le pone paraguas
y la arroja al mundo con violencia.
«No te vayas a mojar
cuidadito y te mojas».
La lluvia
llora más fuerte,
llora más fuerte
la lluvia,
le pregunta a la nube:
«¿Por qué mi llanto no ha de tocarla?,
la madre la protege de ti
sin saber
que hay goteras en la casa
que la han ahogado
desde adentro».

MATERNAL INSTINCT

The mother makes a ponytail
on the girl
she kisses her forehead,
she takes her to the entrance,
she gives her the umbrella
and throws her to the world with violence.
Don't get yourself wet
Be careful and don't get wet.
The rain
cries harder,
cries harder
the rain.
It asks to a cloud:
Why should my weeping not reach her?
The mother protects her from you
without knowing
there are leaks in the house
that already have drowned her
from within.

CÓMO ARDE

Cómo arde
el brillo de sol en la cara,
el año perdido en el cubículo;
ganas de ser el escarabajo,
sumergirse en los laberintos de tierra mojada.
Ganas de ser la roca,
hacer limo dentro del arroyo
y no saber más
que lo que ahora sé
y no saber más
de la náusea estructural
de la embestida del tiempo.

IT BURNS

It burns
the sun's light in the face
the year lost in the cubicle.
I want to be the scarab,
getting inside the mazes of wet dirt.
I want to be the rock,
make mold inside the river
and not knowing anymore
than I know now,
and not knowing anymore
about the structural nausea,
about the assault of time.

PATER FAMILIAS

Los bordes de la niebla
secan el rocío,
detrás de la arboleda
vi a mi padre
deshaciendo el futuro
empuñando su hacha.

Me miraba con las penas
puestas en la hierba
y la risa perdida en el lodo que sube del pozo
que llega hasta la cumbre de sus años.
Mis ojos
querían ser su reflejo,
pero no cabía mi silueta en la suya,
era un cuerpo hecho de lluvias y arcillas
que se quemaba bajo el sol.

Quería mudarme a su piel
hablar poco y pensar despacio,
arrastrar el horizonte entre mis pasos
y sentir el pulso del viento
en el filo del machete.

Pero ¡ah, la tierra!
me hizo infértil,
me ató a su suelo,
los burros no pronunciaron mi dialecto.
Quería escuchar los sueños del becerro,
descifrar el pelo de gamuza
y curar los sandiales con las semillas de mi pasión.

Pero llegué tan tarde,
ya nadie me esperaba
ni con las bocas llenas ni con las manos vacías.

FATHER OF THE FAMILY

The edges of the fog
dries out the dew,
behind the grove
I saw my father
unmaking the future,
wielding his axe.

He looked at me with his hands
on the grass
and a laugh lost in the mud that rises up from the well
and reaches the top of his years.
My eyes
wanted to be his reflexion,
but I could not fit my silhouette on his,
I was a body made of rains and clays
getting burned under the sun.

I wanted to move to his skin,
to talk a little and think slowly,
to drag the horizon between my steps
and to feel the pulse of the wind
in the edge of the machete.

But, oh, the land!
It made me infertile,
it tied me to the ground,
the donkeys didn't pronounce my dialect.
I wanted to hear the dreams of the calf,
to decipher the chamois hair
and heal the watermelons with my seeds of passion.

But I arrived so late,
Nobody was waiting for me anymore,
Neither with their mouths full nor their hands empty.

CARGA PESADA

Se ancla en el mundo
el monolito,
tres hombres se enfilan para levantarlo,
tenía detrás un nombre bíblico,
es el celador de aquel que tuviera
el nombre Moisés en la frente
«Es un niño», susurraba la voz del monte
«No lo dejes solo», graznaba el viento
«No sabe sobre las cosas del mundo», clamaban las aguas.

La jaula de cristal, los límites del niño.

No corras.
No grites.
No hables.
No sientas.
No vivas.

Vuélvete dentro de ti, a tu jaula
las casas y los cerros se ven mejor a través del cristal
la ceguera es iluminación.

. . .

HEAVY LOAD

The monolith calf
Anchors itself to the world.
Three men ready to lift it up,
it had a biblical name on the back,
it's the watcher of that man who
had the name Moses on his forehead.
It's a boy, the voice of the undergrowth whispered.
Don't leave him alone, the wind squawked.
He doesn't know about the things of the world, the waters claimed.

The crystal cage, the boy's limits.

Don't run.
Don't scream.
Don't speak.
Don't feel.
Don't live.

Come back inside yourself, to your cage,
The houses and hills look better through the glass,
the blindness is illumination.

. . .

«No lo dejes solo», vuelve a graznar el viento,
los caracoles nunca tuvieron memoria
porque no vuelven sobre su rastro
¿la jaula se hace pequeña o el niño se hace gigante?
El monolito abre la boca, las palabras están atascadas
detrás de su lengua

El niño llora, los secretos se escurren:
los alfileres blancos,
las espuelas con los cadáveres de las chinches,
los mecates con pelo de asno,
el cable de la plancha,
el nombre mal escrito
y el cristal se rompe.
El monolito se embriaga con las penas
que salieron volando de la jaula.
El niño deja de llorar y de su frente cae un nombre:
Moisés.

El monolito exclama:
«¡Yo soy el miedo! Eres un niño
¡Yo soy el miedo! No te dejaré solo
¡Yo soy el miedo! No sabes sobre las cosas del mundo
¡Porque yo soy el miedo!»

. . .

Don't leave him alone,
the wind squawked again.
The snails never had memory
because they don't retrace over their trail.
Is the cage becoming small or is the boy becoming giant?
The monolith opens its mouth, the words are stuck
behind its tongue.

The boy cries, the secrets slip away:
the white needles,
the spurs with the bugs' corpses,
the ropes made of donkey hair,
the iron's wire,
the name wrong spelled
and the glass that always breaks.
The monolith gets drunk with the sorrows
that flew away from the cage.
The boy stopped crying and a name fell from his forehead:
Moses.

The monolith exclaims:
I am the fear! You're a boy
I am the fear! I will not let you alone
I am the fear! You don't know about the world's things
Because I am the fear!

INCENDIO

El recuerdo lleva mis sueños
escondidos
debajo del sombrero,
es mejor que estén ahí,
la obsesión es un ave que
me picotea el cráneo
hasta que las fuentes
de la locura resbalen
por mis mejillas.

Así que es mejor
     que el recuerdo lleve mis sueños
          y los esconda
           en su sombrero
            y los arroje
            y los apague
              en un ropero.

FIRE

The memory keeps my dreams
hidden
under the hat,
It's for the best that they are there,
the obsession is a bird that
pecks my skull
until the fountains
of madness slips away,
from my cheeks.

So it's for the best
that my memory keeps my dreams
hides them
in its hat
and throws them away
extinguish them
in a wardrobe.

CONTRALUZ

En el interior de la tierra

se hallan las piedras ocultas,

los ojos de cristal

encierran el cráneo de mi padre

y las larvas

sueñan con los peces

que todavía están sedientos

de justicia y de poder.

En el interior de la tierra

BACKLIGHTING

In the inside of the earth

there are the hidden stones,

crystal eyes

confines the skull of my father

and the maggots

dream with the fishes

that are still thirsty

for justice and power.

VISITA

Me calcé los huaraches
como los hombres grandes.
Me puse el sombrero
del padre
y marché por la terracería
sin volver la cabeza.
La milpa abría su costado
y los pájaros abrían sus picos,
haciendo caer el granizo.
Quise decir mi nombre,
pero la lengua
se me llenó de garrapatas.

Crucé el pozo,
la cerca cubierta,
el palo de las cuerdas,
la sombra del almendro
y el canto de los zanates
que no sabían quién era yo.
Y entonces,
el olor.

A cobre.
A fruta negra.
A panza rota.
Me acerqué
a la yegua tendida
abierta por el centro,
como si alguien buscara
el manantial escondido en sus entrañas.

. . .

VISIT

. . .

I put on my huaraches
like the big men.
I wear the hat
of my father
and I walked the dirt road,
without turning my head back.
The cornfield opened its flank
and the birds opened their beaks
making the grains rain.

I wanted to say my name,
but my tongue
got covered by ticks.

I crossed the well,
the covered fence,
the pole of ropes,
the shadow of the almond tree,
and the song of the grackles
that didn't know who I was.
And then,
the smell.

Of copper.
Of dark fruit.
Of an open belly.
I got close
to the lying mare
opened in the center,
like someone was looking
for mystery hidden in its entrails.

. . .

Las moscas.
La placenta.
El granizo del monte.

Y ella esperando sin moverse,
me devolvió su mirada.

Corrí.

Me raspé las piernas,
me llené las uñas de miedo,
me olvidé del sombrero.
Ahora lo sé:

el campo no siempre aplaude,
las yeguas también se abren,
los hombres grandes
se callan muchas cosas.

Llevo, desde entonces,
arrastrándote en mis talones.

. . .

The flies.
The placenta.
The hail of the undergrowth.

And something waiting, without moving at all
Looked back at me.

I ran.

I scraped my legs,
I filled my nails with fear,
I forgot the hat.
Now I know:

The field does not always clap,
the mares also get opened,
the big men
remain silent about many things.

Since then,
I keep dragging you on my heels.

DESESPERACIÓN

Hoy soñé con tu regreso

¿Recuerdas cómo nos tiró la mula a medio camino?

Todavía veo a los chivos y a las gallinas
como se reían de nosotros,
como se mordía la lengua la *Cola de plata,*
como se paraba en nuestras ilusiones la garza.

El mole de pato de doña Trini,
la cornamenta del borrego
aporreándome el futuro
y el canto de las ranas que anuncia
que la ropa ya no va al tendedero.

Ya queda poco
muy poco tiempo

para vernos
muy poco.

DESPAIR

I dreamed about your return today.

Do you remember how the mule threw us in the middle of the road?

I still see the goats and the chickens,
how they laughed at us
how Silver Tail bit its tongue,
how the heron stood up to our illusions.

The duck mole of Ms. Trini
The horns of the lamb,
beating my future,
and the singing of the frogs that announces
the laundry doesn't belong to the clothesline anymore.

There's very little left.
very little

time to see us
very little.

Interrumpimos la transmisión para informar lo que está pasando esta mañana en el Puerto de Veracruz:

El buque tanque 'Burgos' se incendió hoy frente a las costas de Boca del Río, Veracruz. Petróleos Mexicanos informó que se buscó en primera instancia salvaguardar la integridad de la tripulación por lo que fueron evacuados y se encuentran a salvo. El incendio se registró a 7 millas náuticas del Puerto de Veracruz, hasta donde llegaron embarcaciones para apoyar al desalojo. Una patrulla oceánica, una patrulla interceptora y una de búsqueda y rescate de la Armada de México asisten para salvaguardar la vida de la tripulación y prevenir posible contaminación por algún derrame.

Tomen vías alternas, el tráfico estará pesado esta mañana.

We interrupt the transmission to inform what's happening this morning in the Port of Veracruz:

The tanker ship "Burgos" caught fire today at the coast of Boca del Rio, Veracruz. Petroleos Mexicanos informed us the first priority was to safeguard the crew's integrity, so they were evacuated and are safe now. The fire was registered 7 nautical miles away from the Port of Veracruz, where the rescue ships reached them to help with the evacuation. An oceanic, an interceptor and a search-and-rescue patrol from the Mexican Army are assisting to safeguard the crew's life and to prevent possible contamination caused by any spill.

Take alternate routes this morning, the traffic will be heavy.

MAREJADA

No sé cómo llegué aquí,
no sé;
el camino de piedra se expande hacia el sur
«¡Hermano, hermano!»
Retiemblan las paredes de la casa
es el estruendo de los matorrales,
los labios mudos de la madre,
la rumiación de las vacas,
los ojos llenos de culpa,
la sed de la tierra.

Ahí sigue la tarde,
la arena borraba nuestros nombres
y la costa guardaba las cosas
que no se dicen en público
dejamos un momento el odio inculcado
sobre las algas pardas,
en los tonos verdes
y azules del agua.

Recuerdo ser la mosca
dibujando remolinos
encima de las vísceras de los pescados.

. . .

SWELL

I don't know how I came here,
I don't know
the stone road expands to the south
Brother, brother!
The walls of the house trembles,
it's the din from the thickets,
the muted lips of the mother,
the rumination of the cows,
the eyes full of guilt,
the thirst of the land.

The evening is still there,
the sand erased our names
and the coast saved the things
we don't say in public
we feel the instilled hate for a moment
on the dun seaweeds,
on the green and blue
tones of the water.

I remember being the fly
drawing swirls
over the guts of the fishes.

. . .

Tú
jugabas a ser un pez espada,
al amanecer
tu pecho no aguantó más,
se abrió
como abríamos los coyoles
con aquel martillo oxidado.

El humo negro y la ceniza
se elevaron hasta el cielo
el sol no quiso mirar,
la luna se vistió de tu tristeza
tu nombre
se grabó en la costa,
no se borró más.

No hubo manera
de explicarle todo aquello
a los cangrejos.

. . .

You
used to play to being a sword fish,
at dawn
your chest could not longer hold it,
it teared open,
like we used to open the coyol fruits
with that rusty hammer.

The black smoke and the ash
had risen to the heavens,
the sun didn't want to see,
the moon wore your sadness,
your name was engraved in the coast,
it didn't get erased anymore.

There was no way
to explain all that
to the crabs.

REMEDIOS CASEROS

El rosal recita tu nombre,
las aves conjuran
la vida de tus padres.
El sol ya no quiere salir,
vive al lado de tu pecho,
es la hora del silencio.
Entonces,
los niños esperan alrededor
de la fogata seductora,
la muerte se ríe en la cara
de lo ya olvidado.

La luna durmió con la misma ropa,
es la hora del vacío
que me habita para llenarme,
el cardumen de palabras
se escurre por mis hombros,
perdieron la ruta hacia mi boca,
no lo aguantan mis oídos
se hartan,
se sacian,
se empachan.

Y mi cuerpo sufre
entre el aceite de oliva
enrollado con las hojas de acuyo
sembrados en la infancia.

Vuelve la palabra sobre mi rostro
y todas las luces
de colores difusos
vuelven a hacer girar
el gusano de metal
que nos carcome las entrañas
que nos pudre los ungüentos.

HOME REMEDIES

The rosebush recites your name,
the birds conjure
the life of your parents.
The sun does not want to get out
It lives at the side of your chest,
It's the hour of silence.
Then,
The children wait around
the seductive bonfire,
death laughs in the face
of the forgotten.

The moon slept with the same clothes,
it's the hour of the void
habits that fill me,
the shoal of words,
drips down my shoulders,
they lost the route to my mouth,
my ears can't hold them,
they get enough,
they get satiated,
they can't take anymore.

And my body suffers
between the olive oil
rolled in the acuyo leaves
sowed in childhood.

The word comes back over my face,
and all the lights
of diffused colors
make the metal worm
to spin again
who eats the guts,
who rots the ointments.

DERMATOSIS

En mi piel se hallan
todos los afectos que pronunciaron
el verbo amar,
allí viven la caricia y la miel
el alpiste y también el azafrán.

En mi piel se hallan
las voces de los pollos
ahogados en mi cólera,
manchados por la herida pueril
bordada por las manos de mi abuela.

En mi piel se halla
el maguey morado
que bebe la desgracia
de su propia agua de tiempo,
a las orillas del tabernáculo,
con sus botas de plomo.

En mi piel se hallan
los molares que mastican mis alegrías,
como las cabras,
se tragan el amargo verdor de mi abuelo.

En mi piel se hallan
las formas y los colores
los días y las noches
los olores y los sabores:
sangre rectangular de estiércol.

En mi piel se halla
el hierro incandescente,
la marca de la historia inacabada
de los que ya no pueden ver.

DERMATOSIS

In my skin could be found
all the affections that were pronounced
the verb "love",
that's where the caress and the honey,
the birdseed and also the saffron live.

In my skin could be found
the voice of the chickens
drowned in my rage.
stained by the childish wound,
embroidered by the hands of my grandmother.

The purple agave drinks the misfortune
of its own lukewarm water
at the shores of the tabernacle,
waits for the lash of the wind
that runs across the plain
with its lead boots.

In my skin could be found
the molars that chew my happiness
like the goats
swallow the bitter green of my grandfather.

In my skin could be found
forms and colors,
days and nights
smells and flavors:
rectangular blood of dung.

On my skin could be found
the incandescent iron,
the marks of unfinished stories
by the ones who can't see me anymore.

ANATEMA

Mira la nube
que sueña a ser cien palomas volando
por encima está Dios.

Dios existe,
        yo no.
No existo
    en el mar de anguilas multicolor,
     en este montón de hojas secas,
      en este olor a tisú
       que sabe a ti.

ANATHEMA

Look at the cloud
that dreams to be one hundred pigeons flying,
over it, there is God.

God exists,
I don't.
I don't exist
in the sea of multicolor eels,
in this bunch of dry leaves,
in this smell of tisú
that tastes like you.

SÁBADO DE GLORIA

La calandria
mira hacia la calle
y pasando va la vida
me disfrazo de tu voz,
me siento en tu tacto,
me unto de tu ausencia.

Te espero en el porvenir
de la hora no pactada
bebiéndome la sobra de tu instante.

HOLY SATURDAY

The calandria
looks to the street
and life walks by
I dress up as your voice,
I feel myself in your touch,
I spread myself in your absence.

I'm waiting for you in my future
at the hour not scheduled
drinking the shadow of your instant.

FILISTEO I

Se arrastra detrás de mi sombra,
dice que es luz,
pisa mis huellas y se vuelve a arrastrar
antes de que el barro se enfríe.

Bebe del cuenco donde yo
escupo la verdad
y llama agua al residuo,
come del pan que arrojo a los pájaros enjaulados
y lo sirve en el altar de sus difuntos.

La nauyaca
se hace trajes con mis gestos,
se viste con mis cien voces,
talla su rostro con las astillas del mío,
repite mi nombre
para llenar su silencio.

Le grito al miedo
y la nauyaca forja su armadura.

Le grito al cuerpo
y la nauyaca se hace una máscara.
Le grito al amor
y la nauyaca
se precipita hacia el abismo de mi costumbre.

Sus ríos no encuentran cauces,
se escurren por las grietas
de mis pies cansados,
no es dueña de su nombre,
es el idioma sin lengua materna.

. . .

PHILISTINE I

She crawls behind my shadow,
she says she's light,
steps on my footprints and crawls again
before the mud gets cold.

Drinks from the bowl where I
spit the truth
and names *water* to the waste,
eats from the bread I throw to the caged birds
and serves it in the altar of their deceased.

The nauyaca
makes herself costumes with my gestures,
wears out my one hundred voices,
carves her face with the splinters of mine,
repeats my name
to fill her silence.

I shout to the fear
and the viper forges its armor.

I shout to the body
and the nauyaca makes a mask.
I shout to the love
and the nauyaca
falls down the abyss of my habits.

The rivers could not find their beds,
they drip down between the rifts
of my tired feet,
she's not the owner of her name,
it's the language without a mother tongue.

. . .

· · ·

Y la nauyaca ríe
con la mueca de otro rostro,
se tiñe los cabellos
de historias ajenas
y repite la impetuosa melodía
de la quinta trompeta.

La nauyaca
no sabe de amor
ni de amistad,
se acuesta en los labios
que una vez soñaron ser labios,
su verbo busca los cuerpos
donde yo he sido carne
y sólo encuentra a los cerdos
de Gadara.
Es el viento que imita
la voz del bosque
y no sabe sembrar.
Como el polvo,
quiere ser raíz
y no conoce la humedad.

La nauyaca
no sabe ser
sin deshacerme
y yo,
soy la casa
y soy el síntoma
de un fuego que no sabe arder.

. . .

And the nauyaca laughs
with the grin of another face,
dyes her hair
with stories from strangers,
and repeats the impetuous melody
of the fifth trumpet.

The nauyaca
does not know about love,
neither friendship,
she lies on the lips
who dreamed to be lips once,
her verb seeks for the bodies
where I had been meat,
and she only finds the pigs
from Gadara.
It's the wind that imitates
the voice of the woods
and doesn't know how to sow.
Like the dust,
it wants to be the root
and doesn't know the humidity.

The nauyaca
doesn't know how to be
without breaking me,
and me,
I'm the house
and I'm the symptom
of a fire who doesn't know how to burn.

ALQUIMIA

Las lombrices reencarnan
debajo de mis dedos,

se juntan,
se disuelven,
se exponen

al fuego
y se tornan cuarzos a la medianoche.

ALCHEMY

The worms reincarnate
under my fingers,

they get together,
they get dissolved,
they get exposed

to the fire
and became quartz at midnight.

IN CRESCENDO

Mis creencias se rasgan
como los músculos se rasgan
cuando quiero ir
hacia dentro de mí.
Se rasgan
como los amigos se rasgan,
en un momento de crisis.
Se rasgan
como los tejidos se rasgan,
cuando quiero estar dentro
de tu historia familiar.

Pero soy la fisura
y soy esguince,
la fractura de tus huesos
y de los míos
el olor a podrido
de un tardío amor de febrero.

IN CRESCENDO

My beliefs tear apart
like the muscles tear apart
when I want to go
inside myself.
They tear apart,
like the friends tear apart,
in a moment of crisis.
They tear apart,
like the tissues tear apart,
when I want to be inside
of your family's stories.

But I'm the fissure,
and I'm the sprain,
the fracture of your bones
and my bones,
the rotten smell
of a February's late love.

VA CAYENDO

Va cayendo
la tormenta
sobre el techo de la casa.
Va cayendo
la falacia cubierta,
la promesa incumplida,
el cariño suave.

Va cayendo.

Todos los días son sábado
en la vida costera,
va cayendo un pedazo de estrella tibia

va cayendo
        y eso
                no regresa.

IT'S FALLING

It's falling
the storm
over the roof of the house.
It's falling
the covered fallacy
the broken promise,
the soft affection.

It's falling.

All days are Saturday
in the coast life
A piece of lukewarm star is falling.
It's falling
and that
doesn't come back.

La Casa de los Espejos

THE HOUSE OF THE MIRRORS

CADA VEZ QUE MUERO

Cada vez que muero,
camino,
coloco mis pies
uno frente a otro
al ritmo de la vida,
voy por la vereda,
acaricio los perros
que olvidaron su nombre,
como y bebo
junto a mi sombra
sentado en la funesta mesa
al final de la fonda.

Cada vez que muero,
hablo con mi hermano
regado en los indigentes
del centro
le mando saludos al arcoíris,
me hago uno con la mente,
me anclo en el limbo,
me hago invisible
a los ojos del transeúnte.

. . .

EVERY TIME I DIE

Every time I died
I walk
I put my feet
in front of each other
at the rhythm of life.
I am going on the pathway,
I pet the dogs
who forgot their name
I eat and I drink
at the side of my shadow,
sit on the baleful table
at the end of the inn.

Every time I die
I talk with my brother
spilled on the indigents
at Centro.
I send my regards to the rainbow,
I make one to myself with my mind
I anchor to the limbo
I become invisible
to the eyes of the passerby.

. . .

. . .

Despojo de mí
lo carnal,
arrojo entonces
lo material.
De mis uñas brota la sangre familiar
esa que nunca he visto.

Cada vez que muero,
escribo,
muevo los dedos
uno frente a otro
al ritmo de mi voz,
hago una casita
con todos mis silencios

para que no me escuchen,
para que no me encuentren,
para que no lamenten

cada vez que muero.

. . .

I get rid of
the flesh
Then I throw away
what is material.
From my nails sprout the family's blood
the one I have never seen.

Every time I die
I write
I move the fingers
in front of each other
at the rhythm of my voice.
I make a little house
with all my silences.

So they can't hear me.
So they can't find me.
So they can't mourn me

every time I die.

ANZUELO

Tan ancho el deseo
y tan angosta la vida
y nosotros,
queriendo meterlo
en los hilos de nuestra sangre
como si las venas
no quisieran irse a dormir temprano.

Le pisamos
los talones al tiempo,
le mentimos a los jureles y a los pargos
con la promesa del mar,
cuando escasean los charcos
y los restos blancos del coral.

BAIT

So wide the desire
and so stretched the life
and us,
wanting to put it
inside the threads of our blood,
as if the veins
didn't want to go to sleep early.

We step on
the time's heels,
we lie to the *jureles* and the *pargos*.
with the promise of the sea,
while the puddles and
the white remains of coral
become scarce.

HERENCIA

Todas las líneas
de tus manos
están trazadas
por el desgaste de los que me precedieron.

Todos los hijos antes de mí
silenciaron las viejas melodías,
los suspiros en la casa,
las paredes de los cuartos.

No hallo más que la ceniza
de lo que quisiste ser,
de lo que guardaste
bajo las espuelas que aturdían a los potros.

Y sin embargo…
el mundo está a salvo
celebran los ríos
y las islas
y los mares,
porque tus manos abrieron el cauce,
salaron la tierra
y tu carne, lluvia subterránea,
calmó la sed de los peces.

INHERITANCE

All the lines
of your hands
are drawn up
by the wear and tear of the ones who preceded me.

All the children before me
silenced the old melodies,
the whispers in the house,
the walls of the rooms.

I can't find anything but ashes
of what you tried to say,
of what you keep
under the spurs that daze the horses.

And yet…
The world is safe
the rivers celebrate
and the islands
and the seas
because your hands open the river bed,
salted the earth
and your flesh, underground rain,
calmed the thirst of the fish.

EN ESTA CASA HAY MUCHA GENTE

Cerré mis ojos
a los órdenes mundiales
y me atacó la risa,
me sacudió la broma.
me tomaron de la mano,
me llamaron
por mi tercer nombre,
el que no se puede pronunciarse,
que censura el chéjere y la mujer…

La mujer blanca,
de cabellos derramados en melancolía,
que controla el clima
y el vuelo de la lechuza.

La lechuza sigue tocando
su flauta crucificada
elevando el humo
hasta la nube más cercana.

me Me enseñaron
que con una gota
se enciende el manantial,
el masaje en la sien,
el bálsamo frutal
para la coyuntura
entre lo germinado y lo marchito.

Volví a cerrar mis ojos
a los grillos del monte
y me golpeó la máquina de aceite,
el cajón lleno de papeles.
Los niños santos, ahora,
viven detrás de mis orejas.

THERE ARE SO MANY
PEOPLE IN THIS HOUSE

I closed my eyes
to the global orders
and the laugh attacked me
the jest shook me.
They took my hand,
they call me
by my third name,
the one it can't be pronounced,
that censors the *chéjere* and the woman.

The white woman,
with the hair spilled in melancholy,
who controls the weather,
and the flight of the owl.

The owl keeps playing
its crucified flute
raising the smoke
to the nearest cloud.

They taught me that
with a single drop,
the wellspring lit
the massage on the temple,
the fruit balsam
for the juncture
between what is germinated and what is withered.

I closed my eyes again
to the crickets of the undergrowth
and the oil machine hit me,
the drawer full of papers.
The saint children, now,
live behind my ears.

HIFAS

Dicen
que el agua no se pide,
se merece
con los dos brazos extendidos.

Que tus anhelos
son la cuerda
atada a la primera lágrima
y quien jala muy fuerte
se ahoga en sí mismo.

Dicen
que antes del primer beso
ya sabíamos sangrar,
que no hay boca sin herida
ni aire sin exhalación.

Somos
los que velan,
los que cantan en la fiebre,
los que soplan detrás de las orejas
para que recuerdes
que las aguas son de oropel
y amargan las frutas.

Te llevamos
con las manos juntadas,
para que no te pierdas
en las cosas que rompes.

HYPHAE

They say
that the water should not be requested
but be deserved
with both arms open.

That your longings
are the rope
tied to the first tear
and whoever pulls too hard
gets himself drowned.

They say
that before the first kiss
we know how to bleed,
that there is no mouth without a wound
nor air without exhalation.

*We are the ones
who watch at night,
who sing on fever,
who blows behind the ears
so you can remember
that the waters are made of tinsel
and make the fruits bitter.*

*We take you
with the hands held
so you will not get lost
in the things you break.*

UMBRÍO

Pasa la vista por el mar,
el cangrejo lleva tus aretes
entre las pinzas
y el bagre me habla
de los chistes que no le cuentas a nadie.

La ballena se tragó tus miedos de mujer,
vive ahí
desde que el sol dio su catorceava vuelta
alrededor de tus pies furtivos.

Y en la boca del pelícano
mueren todas las visiones
que se hicieron los charales
antes de la danza de luz ultravioleta.

SHADY

Put your sight on the sea,
the crab holds your earrings
in its claws,
and the catfish speaks to me
about the jokes you don't tell to anyone.

The whale swallowed your femme fears,
it lives there,
since the sun made its fourteenth lap
around your furtive feet.

And in the mouth of the pelican
dies all the visions
the charales had
before the dance of ultraviolet light.

FILISTEO II

Quise la sangre
que no pasaba por mis venas
quise el gesto que tenía el rostro cubierto de esporas.

Me negaba a las palabras,
no me bastaban,
quise el músculo
que las trajo al mundo.

Quise el lugar que se desvanece en tus contornos,
estaba hecha de hambre,
del hígado pútrido
que se come las aves,
mis intestinos odiaron la tierra
por eso no se arrastraron con el resto de los gusanos.

Quise las sílabas
que no encontraron la boca
para invocarme,
me arrancaron la idea no pensada
fui la posibilidad que no te atrevió.

Es esta la hora,
el cielo se parte a la mitad,
las cien voces del trueno me nombraron.

Ahora,
quiero subir la montaña
pedirle al Arcángel más cercano
que me forre unas alas
para atarme los cabellos regados por el mundo.

PHILISTINE II

I wanted the blood
that wasn't running in my veins,
I wanted the gesture, with my face covered in spores.

I denied myself the words,
they weren't enough,
I wanted the muscle
that brought them to the world.

I wanted the place that fades away in your contour,
it was made of hunger,
of the rotten liver
that eats the birds,
my guts hated the land
that's why they didn't crawl with the rest of the worms.

I wanted the syllables
that didn't find the mouth
to summon me,
they tore off the no-thought idea,
I was the possibility that never dared.

This is the hour,
the sky breaks in half,
the one hundred voices of thunder named me.

Now,
I want to climb the mountain,
ask the nearest Archangel
to make me some wings
so I can tie the scattered hairs around the world.

PERDIDO

Vine a Xalapa a buscarme,
a encontrarme,
no vi mucho.
Sólo restos de carne podrida,
algunos ancestros
y antiguos versos.
Vine a buscarme
en el tronco de un árbol,
en las pendientes
y estrechas calles.
En el aroma del café,
en las bancas de los parques,
en las hortensias del *Juárez,*
en las letras de *Vicente Melo,*
vine a encontrarme.

Vine a Xalapa a buscarme,
a encontrarme
pero no vi mucho.
Sólo restos de papel húmedo,
algunos reflejos ambiguos
y rastros de neblina oculta.
Vine a buscarme
pero no vi mucho, quizá por ciego,
por necio o por mi ego.
Vine a encontrarme,
pero olvidé que sigo contigo:
¿será en tu vientre, en tu pierna rota
o en tu ombligo?

Vine a Xalapa a buscarme,
a encontrarme
y, entendí: no volveré
debo ser otro,
mudar la piel.

LOST

I came to Xalapa to seek myself,
to seek myself,
I didn't see too much.
Just the remains of rotten flesh,
some ancestors
and old verses.
I came to seek myself,
in a tree trunk,
in the slopes
and the stretched streets.
In the scent of coffee,
in the seats at the parks,
in the hydrangeas of the *Juarez*
in the letters of *Vicente Melo.*
I came to seek myself.

I came to Xalapa to seek myself,
to seek myself,
but I didn't see too much.
Just the remains of wet paper,
some ambiguous reflections
and traces of hidden fog.
I came to seek myself
but I didn't see too much, maybe because I'm blind,
or because I'm stubborn or because of my ego.
I came to find myself,
but I forgot I'm still with you:
could be in your belly, in your broken leg
or in your navel?

I came to Xalapa to seek myself,
to find myself
and I understood: I will not be back
I have to be someone else,
to shed the skin.

Medios locales informan que Diana Patricia Guzmán, de 28 años de edad, fue detenida tras sufrir un aborto espontáneo. La acusaron de homicidio doloso en razón de parentesco. Estas fueron sus palabras:

…cometieron una injusticia conmigo. Me espanté, me bloqueé, no supe qué hacer. Me encontraba sola, no me sabía ni el número telefónico de mi familia, entré en pánico y no me acordaba. Me juzgaron sin saber y me dijeron que ya tenía parto y ojalá supiéramos que todos los partos son diferentes…

Fin del boletín informativo.

Local media informs that Diana Patricia Guzman, of 28 years old, was detained after she suffered a spontaneous abortion. She was accused of intentional homicide by a family member. These were her words:

…They committed an act of injustice against me. I was scared, I was in shock, I didn't know what to do. I was alone, I didn't even know my family's phone number, I was in panic and I could not remember it. They judged me without knowing everything and they told me I was giving birth, and I hope we all know all births are different.

End of newsletter.

CITA A LAS 3:00 P.M.

Sueltan las atarrayas en la imagen del centro,
los arpones y los anzuelos
me descosieron el pánico,
mi cuerpo yace al costado de una lancha
a la novena hora del día.

Antes del mediodía aprendí a nadar,
mi cuerpo subió por el túnel de sargazo,
los brazos de una boya me sostuvieron.
Emergí en el dolor, en el grito,
donde la vida se desangra.

Mi cuna fue la herida abierta,
mi canto, el lamento eterno.
He sido la llama que quema,
el fuego que consume y destruye
tus conceptos del amor.

He levantado ruinas entre tus fosas nasales,
he sido las manchas de vapor
en tu visor submarino.

Pero también he sido antílope,
la carne devorada por el león.
Las hormigas barridas
por el diluvio.

. . .

DATE AT 3:00 P.M.

They are casting nets in the photo of the *Centro*.
the harpoons and the baits,
unstitched my panic,
my body lies on the side of the boat
at the ninth hour of the day.

Before the noon I learned to swim,
my body climbed the tunnel of sargasso,
a buoy's arms held me.
I emerged from pain, from scream,
where life bleeds out.

My cradle was the open wound,
my singing, the eternal sob.
I had been the flame that burns,
the fire that consumes and destroys
your concepts of love.

I raised ruins between your nostrils,
I had been the stains of steam
in your submarine visor.

But I also had been the antelope,
the flesh devoured by the lion.
The ants swept away
by the deluge.

. . .

· · ·

Y, sin embargo,
vi tus suaves manos
fui testigo de tu piel lastimada,
de tu cabello maltratado por las vueltas del mundo.

Provoqué tus aclamadas alegrías
que se hicieron espuma
entre las olas melancólicas de febrero.

Le llamé a tu amor María
que se manifiesta en mil formas,
es el clamor que cierra la herida primigenia.

Pero tengo que volver,
el Leviatán aúlla
por mi regreso al fondo del agua
y el Behemoth vocifera mi latido
a los espíritus de la tierra.

Mientras tanto,
hazme un nombre
arrástrame en tu memoria
hacia el final del siglo
hasta que vuelva a subir por tu vientre.

. . .

and yet,
I saw your soft hands,
I was a witness of your hurt skin,
of your damaged hair by being around the world.

I provoked your acclaimed joys
that became foam
between the melancholic waves of February.

I named your love "Maria"
who manifests in a thousand ways,
It's the clamour that closes the primal wound.

But I have to come back,
the Leviathan howls
for my return to the depths of water
and Behemoth shouts my heartbeat
to the spirits of the Earth.

Meanwhile,
make me a name,
drag me in your memory
to the end of the century
until I climb in your belly again.

PRIMERA LECCIÓN

Aprendí a flotar,
suspendido entre dos nostalgias
en el vacío incierto
en el futuro sin ti,
en el espacio en blanco del pensamiento.

La pregunta sigue abierta
en los textos que no tienen puntos ni comas
el pasado, mar encallado en el encéfalo,
todos los jardines botánicos cerraron
sus puertas al público.

El colibrí se ríe,
ya puede desvestirse en paz.

Es el silencio que anhelaban
las mariposas rebotando en el espacio
con los chubascos entre las patas.

Mira las estaciones pasar por la ventana
las nubes están amarradas en el patio,
una estrella en cada dedo
y los vientos guardados en botellas.

El espejo no mira a nadie,
no hace falta
no hace sobra.

FIRST LESSON

I learned how to float
suspended between a couple of nostalgias
in the uncertain void,
in the future without you,
in the blank space of thoughts.

The question still remains
in the texts that don't have periods or commas
the past, a sea grounded in the encephalon,
all the botanic gardens closed
their doors to the public.

The hummingbird laughs,
it can finally get undressed in peace.

It's the silence that the butterflies
Long for while bouncing in the space
with the squall between their legs.

Look at the season passing by the window
the clouds are tied to the yard,
a star on each finger
and the winds saved in bottles.

The mirror doesn't look to anyone,
is not needed,
is not unneeded.

¿Sabías qué...? La muerte por ahogamiento no es dolo-
rosa, pero sí angustiante. La persona que se está
ahogando lucha por su vida durante 90 segundos por
respirar en la superficie. Sin embargo, respira agua,
tose y vuelve a respirar agua hasta que sus pulmones
se inundan. Existe una sensación de quemadura
cuando el líquido invade la vía respiratoria, luego
sobreviene un estado de calma y tranquilidad. La tran-
quilidad se produce por falta de oxígeno en el cerebro,
es ahí cuando finalmente el corazón deja de latir y se
produce la muerte cerebral.

Did you know…? Death by drowning is not painful but anguishing. The person who is drowning fights for his life for 90 seconds, trying to breathe on the surface. However, inhales water, coughs and inhales water again until his lungs get flooded. There is a burning sensation when the liquid invades the respiratory tract, then a state of peace and calm arrives. The calm is produced by the lack of oxygen in the brain, that's when finally the heart stops beating and brain death occurs.

Buenos días, quédese con nosotros porque le traemos toda la información:

Turista del Estado de México murió ahogado en playa de Tamiahua. Un testigo ingresó al agua para rescatarlo, sin embargo, el visitante no logró sobrevivir.

Seguimos con más.

A tourist from the State of Mexico died by drowning at Tamiahua beach. A witness jumped into the water trying to save him, nevertheless, the tourist wasn't able to survive.

We will update you with more...

SEGUNDA LECCIÓN

Me desdoblo
en la espina dorsal del estanque púrpura
se arrodilla el cuero
ante la incertidumbre,
estamos en territorio enemigo,
la división política entre los huérfanos y los arrebatados.

Me tiembla el aliento,
¡Qué ganas de ser la orilla,
adherida a lo inmortal!
pero soy esclavo de la herencia,
dulce genealogía.

El abismo se bate en duelo contra mí,
uso lo que me resta de piernas,
con la estela de mis brazos
me aferro a lo que no se disuelve.

Ahora soy ciudadano
de las regiones más transparentes,
mis amigos son los anfibios,
mis colegas, cetáceos.

Aprendí la vida del molusco,
hablo con los reptiles
y salgo a pasear con los crustáceos.

SECOND LESSON

I unfold myself
in the dorsal spine of the purple pond
the leather kneels
in front of uncertainty,
we are in enemy territory,
the political division between orphans and the ones who got seized.

My breath trembles,
I wish I was the shore,
adhered to the immortal,
but I'm a slave of heritage,
oh sweet genealogy.

The abyss fights me in duel,
I use my remains of my legs,
with the wake of my arms
I hold myself on what can't be dissolved.

Now, I'm a citizen
from the most transparent regions,
my friends are the amphibians,
my colleagues, cetaceans.

I learned the life of a mollusk,
I talk with the reptiles
and hang out with the crustaceans.

QUE VIVA EL REY

Se han trazado los círculos de sal
alrededor del escritorio,
se ordenan los papeles,
alineados los planetas.
Van
haciendo sinapsis, la marca del error.
Desato la armonía,
y los relojes se tragan los minutos.

Conozco el idioma del metal,
el código del tránsito,
los informes de los dioses
sentados en sus sillas lejanas.

No se puede sostener
la llama de la mañana,
se evapora al mediodía.

Me pongo la holgada túnica
el arcano quiere salir,
se queda en el umbral.

El mundo no obedece,
mi pulso numerado,
el caos está sordo,
ciego,
mudo.

El cetro es de barro,
la mesa del altar sirve a otros reyes,
los artefactos se oxidan a la luz de mis mandatos.

No tengo poder sobre las materias vivas,
pero a veces
mis cien voces ponen a temblar el agua.

LONG LIVE THE KING

Circles of salt have been drawn
around the desk,
the papers are being sorted,
the planets getting aligned.
They are
making synapsis, the mark of the error.
I unleash the harmony,
and the minutes get swallowed by the clocks.

I know the language of metal,
the traffic code,
the reports of the gods
seated on their chairs far away.

The flame of morning,
can not be maintained,
it evaporates at noon.

I wear the loose robe,
the arcane wants to get out,
he stays on the threshold.

The world doesn't obey,
my numbered pulse,
the chaos is deaf,
blind,
mute.

The staff is made of clay,
the table at the altar serves other kings,
the artifacts get rusted by the light of my commands.

I don't have power over the living materials,
but sometimes,
my one hundred voices put the water to tremble.

AQUEL QUE MIRA

Se nutren las palabras
de sueños, viven al margen
del exilio
sufriendo las consecuencias
de mi libertad,
la pólvora aceitada.

Nombres archivados en la hojarasca
con los pies tiznados
la leña prende fuego a las pasiones
la mano izquierda empuñando lustros.

Y las palabras se desatan
sobre el trópico de cáncer
¿quién las hizo revolotear?
será mejor no decir,
atarse junto al abrevadero.

Apagar mis tres nombres
romper los lápices,
volver al polvo.

THE ONE WHO WATCHES

The words get nourished
by dreams, they live at the edge
of exile,
suffering the consequences
of my freedom,
the oiled gunpowder.

Names archived in the leaf litter.
with ashed feet
the wood sets fire to passions.
the left hand wields lustrums.

And words get unleashed
over the Tropic of Cancer,
who made them flutter?
It will be better not to say it,
tie myself up next to the trough.

Turn off my three names,
breaking the pencils,
getting back to the dust.

TENUE

Amanecí
a la frialdad de nuestros cuerpos,
germino,
germinamos

Abrí
la grisácea claraboya
las varias horas de la noche,
son raíces de mi estirpe

Tú te vas,
río abajo.

Yo me quedo,
al canto del mirlo.

Me arranco los huesos,
me reescribo,
me pienso.

Soledad moribunda,
cansada la luz oblicua,

exaltados ya mis dedos
de estirar el cielo,
de la bestia reptante.

Basta el crepúsculo,
no mirar
los consumidos párpados.

FAINT

I woke up
to the coldness of our bodies,
I germinate,
We germinate.

I opened
the grayish skylight,
the several hours of night
are the roots of my bloodline.

You leave,
down the river.

I stay,
for the singing of the blackbird.

I rip off my bones,
I re-write myself
I think about myself

Dying loneliness
the tired oblique light.

My fingers are exalted
by stretching the sky
by the crawling beast.

The twilight is enough.
Don't look at
the consumed eyelids.

CAPITÁN

Forjé la quilla con las yemas,
no hubo manual ni plano ni aliento,
cerré las grietas del casco
con mi saliva y las promesas parentales.

Erguí el mástil con los huesos de mi padre
atascados en el mangle.
Subí, con la brújula corroída por la niñez,
el mapa arrugado por tu voz invalidante.

Zarpé en nombre del deber,
con el timón atado a la garganta,
remando con los dientes
en contra del oleaje que siempre llevó mi imagen.

No temo a la tormenta,
pues me criaron las aguas corruptas
de un hogar estancado en las fauces de Dios
que se hundía en el cabalgar de los días.
Cuando el cielo se partió como tu
cráneo
y el viento me nombró por fin: náufrago,
seguí amarrado a la cubierta, sin pedir ayuda.

No aprendí a gritar sin escupirme.
No hubo sirenas ni faros.
Ni tripulación ni muertos.
Soy quien rompe y repara
las velas con tus nuevas fotos
desde mi exilio con Teseo.

Ahora floto,
con la cabeza erguida sobre el fango
esperando que alguna de mis partes
todavía sepa nadar.

CAPTAIN

I forged the keel with my fingertips,
There was no manual or blueprint or encouragement.
I closed the rifts of the hull
with my spittle and parental promises.

I raised the mast with the bones of my father,
stuck in the mangrove.
I boarded, with the compass corroded in my childhood,
the map wrinkled by your invalidating voice.

I set sail in the name of duty,
with the helm tied to the throat,
rowing with the teeth
against the surge that always carried my image.

I don't fear the storm,
because I was raised by the corrupted waters
of a home stuck in the maw of God
that was sinking in the riding days.
When the sky split like your
skull
and the wind named me at last: castaway,
I was still tied to the deck, without asking for help.

I didn't learn to scream without spitting on myself.
There were no mermaids or lighthouses.
No crew or deaths.
I'm how it breaks and repairs
the sails with your new photos
from my exile with Theseus.

Now I float,
with my head held high over the mud
hoping any of my parts
still know how to swim.

[…]no comprendo la vida me siento superado por ella. Hay animales que se están saboreando mis tripas esperan que lo haga de una vez. El único romance que he tenido ha sido contigo y a veces no me gusta tanto porque siento que es tan real que me aterra. *Ya terminó tu hora de comida.*

Quiero terminar con esto y quiero un abrazo de sal con azufre y quiero estar envuelto en la espiral de un tiempo eterno, por eso es que me odio porque quiero lo que nadie tiene y lo que nadie conoce. *Necesito que abras la segunda caja y te pongas a cobrar.* ¿Cuándo me hice tan débil como para ya no soportar mi carga? Mi mente es un globo aerostático porque nunca está aquí junto a mí, quiero regresar a la primera sensación percibida cuando el mundo no me dolía tanto y mis ideas no se habían inflamado. Ahora que soy grande, ya no quepo en los sitios que conozco. Es necesario sentir el mar, hacerme a él, fundirme en él y no volver…

¡Le cobro al siguiente, pase por favor!

[...] I don't understand life, it overtakes me. There are animals tasting my guts already, they want me to do it once and for all. The only romance I ever had has been with you and sometimes I don't like it too much, it feels too real, it scares me. *Your meal time is over.* I want to end with this, and I want a hug of salt and sulphur, and I want to be wrapped in the eternal time spiral. That's why I hate myself, because I want what nobody has and nobody knows. I need you to open the second box and start collecting money. When did I become so weak I could not hold my weight? My mind is a hot air balloon because it's never here with me. I want to come back to the first perceived sensation, when the world didn't hurt that much, and my ideas weren't inflamed. Now that I'm older, I can't fit in the places I know. It's needed to feel the sea, make myself the sea, melt myself in it and not come back…

Next in line, come on please!

HIJO DE NUN

Te vimos, capitán de los huesos de cristal,
con la espalda demacrada de tanto remar.
Te vimos,
fabricando una barca sin el poder del diluvio.

Te vimos bajo la tormenta,
que no ha parado de caer.
Sigues erguido, pensando
que la respiración detiene el mar.
No temas ni desmayes.
Esfuérzate.
Sé valiente.

Te vimos, por encima de una ola
buscando las provisiones
azotadas por el océano.

¿Se acabaron los peces y el pan?
Multiplícalos.

¿El viento viene del infierno?
No pierdas la fe.

¿El mar crece porque las flotas de la serpiente
succionan la sal y la justicia?
No cuestiones el oleaje, adáptate a él.

¿El mundo se está hundiendo en un chichicaxtle?
Agradece tu barco.
Agradece el escombro.
Agradece la culpa.

Mira cuántos sobreviven callando,
mira cuántos naufragios
han colmado los mares de sangre.

SON OF NUN

We saw you, captain of the crystal bones,
with the back emaciated from rowing endlessly
We saw you,
Fabricating a ship without the power of The Flood.

We saw you under the storm,
that hasn't stopped falling.
You're still standing up, thinking
that a breath holds the sea.
Don't be afraid and don't faint.
Strive.
Be brave.

We saw you, on a wave,
looking for provisions
battered by the ocean.

Is there no more fish or bread?
Multiply them.

The wind is coming from hell?
Don't lose your fate.

The sea rises because the buoys of the snake
sucks salt and justice?
Don't question the surge, adapt to it.

The world is sinking in the leaves of a *chichicaxtle*?
Be thankful for your ship.
Be thankful for debris.
Be thankful for the guilt.

Look how many survive being silent,
look how many shipwrecks
have filled the seas with blood.

ESTANCADO

Soy un perdedor, un hombre sin reino
que busca verdades difusas
en los charcos del parque
y en las piedras cubiertas de zacate.

No tengo nada
porque no arranco hortensias
de la tierra,
no hurgo en las entrañas del vecino,
ni recorro el pueblo
robándome su paz.

No tengo nada
porque no obligo a la mujer
a parirme hijas,
ni enveneno su casa
con el colmillo de mi voluntad.

El mundo sería mío
si mi lengua fuera la ley,
si mi brazo fuera de hierro,
si mi cuerpo fuera un baluarte.

Pero no tengo nada,
sólo juego a ser hombre
mientras suena otra vez la chicharra
y regreso a mi lugar.

STAGNANT

I'm a loser, a man without a kingdom
who looks for scattered truths
in the ponds of the park
and in the stones covered by grass.

I have nothing
because I don't pluck hydrangeas
from the soil,
I don't rummage in the neighbor's entrails,
nor walk around the village
stealing its peace.

I have nothing
because I don't force the woman
to give me daughters,
nor envenom her house
with the fang of my will.

The world would be mine
if my word was law,
if my arm was made of iron,
if my body was a bulwark.

But I have nothing,
I just play being a man
while the bell rings once again
and I come back to my seat.

UN VIEJO PESCADOR

Vivo con pocos sueños,
pero sueño con muchas vidas:

con el jaguar,
quería darle una selva llena de flora
y fauna.

Con el agua,
quería quitarle el sabor a sangre
y el olor a pólvora.

Con la codorniz,
quería entregarle un nido
para que sus huevos no terminaran
en los colmillos del mercado.

El río no me sigue, no me siguió.
Las piedras aún sin moverse.
Las ranas se cansaron de esperar la lluvia.
Y los hombres /los hombres se burlaron
desde la orilla/.

¡Cómo le aplauden al anturio
bajo la hoja de plátano,
pero no quieren regarlo
ni tocarle esa vieja partitura!

Así que ahora tomo mi sueño
de la cola y lo arrastro hacia la playa,
voy dejando sobre la arena
el rastro de lo que deseamos alguna vez.

AN OLD FISHERMAN

I live with a few dreams,
but I dream with a lot of lives:

With the jaguar,
I wanted to give him a jungle full of flora
and fauna.

With the water,
I wanted to take out her to taste of blood
and her to smell gunpowder.

With the quail,
I wanted to give it a nest
so its eggs would not end
in the market's fangs.

The river doesn't follow me, it didn't follow me.
The stones still don't move.
The frogs are tired of waiting for the rain.
And the men, the men mocked them
from the shore.

Look how they clap the anthurium
under the plantain leaf,
but they don't want to water it
nor play that old partiture for it!

So now I take my dream
from its tail and drag it to the beach,
I'm leaving in the sand
the trace of what we once desired.

ESTA ES MI CASA, EL MUNDO

Me escondí en los rincones del puerto
levanté mi casa sobre una gota amarga,
un crayón escribió los planos futuros
prometía el cielo.

Los retratos en la pared
llenos de vergüenza,
todavía se reproducen los sonidos
y el crujir de dientes cuando miro el interior.

¿Y entonces? Se concentran todos los líquidos
en el centro del mapa
y se tragan todo a su paso
con su lengua larga.

Se borran los muros.
Se borran los nombres.
Se borran los días.

Flotan los cuadros pintados en óleo,
se despintan las memorias,
miran hacia arriba desde el reverso de los espejos.

Los libros viejos
hinchados de humedad,
se ocultan bajo las rocas
como recuerdos que ya no quieren ser abiertos.

. . .

THIS IS MY HOUSE, MY WORLD

I hide myself in the corners of the port,
I raise my house over a bitter drop,
a crayon wrote the future plans
that the sky was promising.

The portraits on the wall
full of shame.
The sounds keep reproducing
and the teeth still gnash when I look inside them.

And then? All liquids are concentrated
in the center of the map
and swallow everything in their path
with its long tongue.

The walls got erased.
The names got erased.
The days got erased.

The oil paintings float,
the memories lose their colors,
they look up from the back of the mirrors.

Old books,
swollen from moisture,
hide under the rocks
Regards that don't want to be opened again.

. . .

. . .

Imagina el silencio.
El rechinar de la madera cediendo
a sus impulsos,
el zopilote merodeando desde algún lugar seco.

Sigo aquí
con los bolsillos llenos de musgo
con las manos echando raíces,
¿y el miedo?

Qué hermoso fue caer.

Puedo respirar el agua,
sostener el líquido en mis dedos,
pronunciar mis otros nombres.

Qué hermoso fue caer
cuando apenas el agua me llegaba
a la cintura,
una y otra vez y otra vez
puedo saltar las redes de pesca

a las orillas de otro cielo.

. . .

Imagine the silence.
The creaking wood giving in
to its impulses,
the vulture prowling from some dry place.

I'm still here
with my pockets full of moss,
with my hands taking roots,
and the fear?

How beautiful it was to fall.

I can breathe water,
hold the liquid with my hands,
pronounce my other names.

How beautiful it was to fall,
when the water barely reached
my waist,
again and again and again
I can jump the fishing nets

to the shores of another sky.

CADENAS QUE SE ROMPEN

No olvidaré el día en que me encontraste tirado entre los hormigueros, con la boca llena de angustia y los ojos hacia adentro. No te dije nada. Tú tampoco. Me cargaste sobre tu lomo y caminaste hacia el bullicio. Me dolían las costillas, como duelen las despedidas en el primer día de clases.

Avanzamos por la espesura, esquivamos el sueño y la vigilia. El tiempo empezó a tragarse todos los relojes conocidos.

Escuché los tambores, los timbales y las congas. Recuerdo el primer latido de nuestra historia, la primera vez que abrimos los ojos. Después, la quijada de burro nos recordó que no nació para herir a mis hermanos.

Seguimos avanzando hacia las voces, las risas, los niños corriendo detrás de la pelota hecha de trapos y esperanzas.

Ninguno de los dos dijo nada, pero entendimos que esto siempre ha estado aquí.

Vimos las casas ardiendo, el fuego lamía las paredes con su lengua colonizadora. La gente bailaba alrededor del fuego. Las mujeres con pañuelos rojos, los hombres con los pies descalzos y sus maracas en el tobillo abrían grietas sobre la tierra. El canto de la jarana volvía a cerrar las grietas.

. . .

CHAINS THAT BREAKS

I would not forget the day you found me laying between anthills, with my mouth full of anguish and my eyes rolled inside. I didn't say anything to you. Neither did you to me. You carried me over your back and walked out of the bushes. My ribs hurt, like the farewells hurt on the first day of school.

We kept moving across the thicket, dodging sleep and wakefulness. Time started to swallow all known watches.

I heard drums, *timbales* and *congas*. I remember the first beat of our story, the first time we opened our eyes. After that, the donkey's jaw reminded us that it wasn't born to hurt my brothers.

We kept moving to the voices, the laughs, the children running behind a ball made of cloth and hopes.

Neither of us said anything, but we understood this has always been here.

We saw houses burning, the fire licked walls with its colonizer tongue. The people danced around the fire. The women with red handkerchiefs, the men with bare feet and maracas on their ankles, together they opened rifts in the soil. The song of the *jarana* made the rifts close again.

. . .

Al fondo estaba la primera abuela, haciendo el ritual del que se sirven los demás rituales:

El el licor de la caña era vertida sobre las raíces de un palo de Neem y luego se lo bebía. Su voz llamaba a los espíritus que siguen esperando a que alguien reclame sus cuerpos en el corazón del monte.

Ese día comprendimos que la magia busca continuidad, aguanta el yugo, el látigo, el exilio, el hambre: Resiste. Resiste. Resiste.

Siguen cantando hacia su propia muerte que en realidad es vida, pero lo entendemos tarde.

Los niños se suben a los techos de las casas en llamas y gritan su nombre al cielo.

Vimos a una mujer parir gemelos al centro de la mesa donde todos comían con las manos y nadie se quedaba fuera. Los hombres besaban a otros hombres mientras el baile les provocaba los cuerpos.

Mis huesos seguían partidos, pero tú no te detenías. Cada paso tuyo era el refuerzo de lo que había aprendido. Las imágenes que me mostrabas me devolvían algo de mi alma, extraviada durante aquel derrumbe. Quise llorar cerca de tu pecho, pero no pude.

Se abrieron mis heridas:

Entró entró la música, la infancia, el pueblo, la vida.

Por primera vez respiré.

. . .

In the background was the first grandmother, making the ritual that all the other rituals use:

The liquor of sugar cane was poured over the roots of a Neem branch and then she drank it. Her voice called the spirits that keep waiting for someone to reclaim their bodies from the heart of the undergrowth.

That day we understood that magic wants continuity, holds the yoke, the whip, the exile, the hunger: Resist. Resist. Resist.

They keep chanting to their own death, that in reality is its life, but we understand it late.

The children climb the roofs of houses on fire and scream their name to the sky.

We saw a woman giving birth to twins on the center table where everybody was eating with their hands and nobody was left out. The men were kissing other men while the dance stimulated their bodies.

My bones were still broken, but you didn't stop. Every step of yours was a reinforcement of what I learned. The pictures you showed me returned parts of my soul, lost in that collapse. I wanted to cry next to your chest, but I couldn't.

My wounds got opened:

And the music, the childhood, the town, the life got inside.

For the very first time, I breathe.

¡Ometeotl!

"DUAL DIVINE"

[...]estuve tan cerca de tener el control de mi propia vida, pero estos alambres de púas no dejan de rasgarme la piel una y otra vez y otra vez. Necesito un descanso, tomarme un respiro o no podré seguir. Quizás es momento de partir, irme a otro lugar muy lejos de aquí. Pero qué miedo me da cambiar todo lo que creo que tengo por algo que nunca existe. No puedo. No puedo. No puedo. Ya no quiero seguir así. *No estamos autorizados para hacer eso.* Ya no quiero seguir arrastrando los años de vida que me quedan, ojalá pudiera recordar lo que me dijiste la última vez que nos vimos. Estoy seguro de que era algo importante, esa frase tuya tenía la fuerza para sacarme de esto ahora. *¡No puedes hacer eso! ¡Pasa a recursos humanos inmediatamente!* Qué desesperado estoy, necesito... no puedo recordar nada de lo que pasó antes de esto, estoy perdiendo la cabeza. No sé qué necesito, pero sé que no es esto. *¡Detente o llamaré a la policía!*

Seguiré caminando por aquí, en una de esas... uno nunca termina de saber ¿o sí?

[...] I was so close to having control over my own life, but these barbed wires don't stop tearing my skin over and over and over again. I need to rest, take a breath, or I can't continue. Maybe it is time to leave, go to another place far away from here. But it scares me to change everything I have for something that doesn't exist. I can't. I can't. I can't. I don't want to continue like this. *We are not authorized to do that.* I don't want to keep dragging the years I have left, I hope I can remember what you said to me the last time we met. I'm sure it was something important. That phrase, your phrase, had the strength to take me out of this now. *You can't do that! Go to Human Resources immediately!* How desperate I am, I need… I can't remember anything that happened before this, I'm losing my mind. I don't know what I need, but I know it's not this. *Stop or I will call the police!*

I'll keep walking around here, so maybe… we don't know what could happen? Or do we?

TEMAZCAL

Abandoné la furia.
Me desnudé.
Una por una,
las palabras cayeron
junto al espino.

Mis pies se enterraron
en el suspiro de la tierra.
Se elevó el canto
¿Venía del agua o del animal
muerto en mi cuerpo?

Ahora,
en mí vive un dios
abriéndome los poros,
viéndome nacer.

TEMAZCAL

I abandoned the fury.
I got naked.
One by one,
the words fall
next to the hawthorn.

My feet got buried
under the whisper of the land.
The chant rose,
It came from the water or the death animal
in my body?

Now,
A god lives inside me,
opening my pores,
watching me be born.

ENCUENTROS

Somos la brisa marina
tocándonos la cara,
agitándonos la piel.

Se abrió la dalia al tacto,
me dejó quitarle el polvo
a mis sentidos.

Se asomaron
los astros
por las paredes de espuma.

La lluvia contenida
se derramó
sobre tu cuerpo.

Y fue la bahía
quien nos inhaló.

ENCOUNTERS

We're the sea breeze
touching our faces,
shaking our skin.

The dahlia opened with a touch,
it let me dust
my senses.

The stars
lean out
of the foam walls.

The contained rain
got spilled
on your body.

And it was the bay
that inhaled us.

TERRENAL

Bendita sea la tierra
donde avanzan las hormigas
que cargan sobre su lomo
la hoja del tiempo,
la angustia del padre,
la desobediencia del hijo
y los partos de la madre.

Benditos sean
los peces que beben
las historias de mi tribu
alrededor de la higuera.

Bendita sea la tierra
donde habitan
la ceiba, la moringa
y el palo de mulato

que en sus raíces cuidan
las preguntas que todavía no me hago.

EARTHLY

Blessed is the land
were the ants walk forward,
lifting on their backs
the leaf of time,
the anguish of the father,
the disobedience of the sun
and the births of the mother.

Blessed are
the fish that drink
the stories of my tribe
around the fig tree.

Blessed is the land
where habits
*the ceiba, the moringa,
and the mulato tree.*

because in their roots keep
the questions I still don't ask myself.

NÚCLEO

Todos los ríos
desembocan en tu pecho
el agua juega con sus dedos
se condensa,
se evapora,
el agua
      se dispersa y se rehúsa
      a estancarse
      en las cuencas
            de tus ojos.
Déjala,
déjala que corra
déjala,
que descubra el grito,
que salte la cuerda,
que se llene de mundo.

CORE

All rivers
flow into your chest,
the water plays with its fingers,
condenses,
evaporates,
the water
scatters and refuses
to stagnate
in the basins
of your eyes.
Let it,
let it run,
let it
discover the shout,
jump the rope,
get filled with the world.

ME LLAMO GOLIAT Y SOY FILISTEO

Tengo dedos
se doblan
se truenan,
hacen ruido.

Amo brincar
dentro del charco,
morder la fruta
con mis dientes de leche.

Me arranqué la escama
como quien se arranca
el miedo
¿qué hago con él?

Lo lanzo al río,
da tres brincos
como las ranas dan brincos
y vuelve el sonido.

Los niños me abrazan.

No me temen.
No me odian.
Y no se mueren.

MY NAME IS GOLIATH
AND I'M PHILISTINE

I have fingers,
they bend,
they crack,
they make noise.

I love to jump
into a puddle,
to bite the fruit
with my baby teeth.

I tore off the scales
like someone who tore off
their fear,
What I do with it?

I throw it to the river,
it makes three jumps,
like frogs jump
and the sound comes back.

The children hug me.

They don't fear me.
They don't hate me.
And they don't die.

Delincuentes organizaron saqueos en Veracruz en 2017: Guacamaya Leaks

Además, aseguraron que los saqueos y motines fueron orquestados, y organizados por grupos criminales para saquear tiendas en toda la zona conurbada Veracruz-Boca del Río. Al menos 300 personas fueron detenidas y ofrecían recompensa por información de quien lo planeó.

Los saqueos y motines realizados por el gasolinazo durante 2017, en la zona conurbada Veracruz-Boca del Río, fueron operados por grupos criminales previamente organizados, según información de la Guardia Nacional.

La GN encontró que se trata de bandas criminales que habrían participado durante el gasolinazo de 2017, elecciones de 2018 y el desabasto de 2019, originado después de que se anunció el confinamiento por la pandemia.

Fin del bloque informativo.

Breaking news

Criminals organized lootings in Veracruz back in 2017: Guacamaya Leaks

Furthermore, they confirmed the lootings and riots were planned and organized by criminal groups to loot stores across the co-urbaned zone Veracruz-Boca del Río. At least 300 people were detained and a reward for information of organizers was offered.

The lootings and riots caused by the rising prices of gas in 2017, in the co-urbaned zone Veracruz-Boca del Río, were operated by criminal groups previously organized, according to National Guard info.

The National Guard found that criminal gangs did participate during the Gazolinazo in 2017, the elections in 2018 and the shortage in 2019, which origi-nated after the lockdown for the pandemic was announced.

End of news break.

Por fin logré escapar de ti, ahora será difícil que nos volvamos a ver. Era necesario salir. Estoy cansado. No quiero volver, no lo haré. Los días se volvieron eternos, tenía una sensación constante de estar encerrado entre cuatro muros que se hacían más y más pequeños cada vez que soñaba. *¡Ahí está! ¡Que no escape!*

Ahora es diferente, aprendí a respirar, me sumerjo en mi propio placer, me mueve el deseo de ser otro y no éste. La mente se empieza a despejar cuando siento el césped entre los dedos de mis pies, justo ahora puedo recordar aquella carta: "Que este sea un espacio para pensar en los lugares que nos permitan imaginar que otro mundo es posible". Lo pienso, lo he pensado muchas veces. La lucha es intensa y acaba de comenzar. Me arrepentiría mañana si no lo hubiera hecho hoy. *¡Corrió hacia el parque Ciriaco Vázquez!*

Me arrastra la culpa entre sus patas con ventosas, le pido perdón a todos, a ti y a Emily. No nos volveremos a ver, espero que no. Pero en caso de que sí, hagamos de esto un sitio habitable para ambos. No quiero perderme otra vez. *¡No hables a menos que se te pida! ¡No me llames joven! ¡Soy oficial, para ti!*

I finally managed to escape from you, now it would be harder to meet again. I needed to get out of it. I'm tired. I don't want to go back, I will not do it. Days became eternal, I had a constant feeling of being locked up inside four walls that became smaller and smaller every time I dreamed. *There he is! Don't let him escape!*

Now it is different, I learned how to breathe, I dive into my own pleasure, it moves me: the desire of being another man, not this one. The mind begins to clear out when I feel the grass between my toes, only now I can remember that letter: "I hope this will be a space to think in places that allow us to imagine that another world is possible". I think about it, I have thought about it several times. The fight is hard and it just started. I would regret tomorrow if I hadn't done it today. *He ran to the Ciriano Vázquez park!*

The guilts drag me between their legs with suckers, I apologize to everyone, to you and to Emily. I will not meet again, I hope not. But in case we do, let's make a habitable place out of this, together. I don't want to get lost again. *Don't talk unless we ask you to! Don't call me "young man!" I'm Officer, to you!*

ENTRETIEMPO

Todavía estamos
en el ojo del abrazo.
Las palabras se quitaron la prisa.

Tus dedos recorrieron
la sal que dejé
en tu vientre.
Reímos.

Me cuentas de cuando eras niña
y le temías a la mariposa.
Te digo que yo
quería casarme con un roble.

No hay promesas,
no hay planes,
la gente abandonó el mundo
y sólo hay esto,

este tiempo tan nuestro,
la respiración compartida,
la aguja de plata,
la mirada exhaustiva.

HALFTIME

We are still
in the eye of the hug.
The words took out the rush.

Your fingers travelled
the salt I left
in your belly.
We laughed.

You told me about the time when you were a little girl
And you were afraid of butterflies.
And I told you that I
wanted to marry an oak.

There are no promises,
there are no plans,
the people abandoned the world
and this is what remains.

This time belonged to us,
the shared breath,
the silver needle,
the exhaustive gaze.

FRASES INCONCLUSAS

Sentadas sobre la fuente
vuelven a ocupar
el centro del mundo.

Aparecen
los murmullos
y los mechones crispados
se enredan en la historia.

La sombra del Framboyán,
el hombre ausente.
Los nombres de los hijos arrojados
al viento.
Y las muñecas,
con las que jugaban, mudas,
por el frío otoñal.

Las trenzas
forman una cascada
hacia la ruta del porvenir,
lejos de la yunta y el maíz.

Su llama sulfúrica
apaga los incendios
que cargaron en su piel.

UNFINISHED PHRASES

Sitting on the fountain,
they occupied once again
the center of the world.

The murmurs
appear
and the spiked locks
got twisted in the story.

The shadow of the *Framboyán* tree,
the absent man.
The names of the sons thrown
to the wind.
And the dolls,
the ones they played with, remain silent
in the autumnal cold.

The braids
form a waterfall
to the Route of the Future,
far away from the yoke and the corn.

Its sulfuric flame
put out the fires
that were held in their skin.

OXÍGENO

Vino del aire,
el temblor que se posa
sobre nuestros huesos
y se abre una curvatura tibia de este instante.

La luz se esparce
como quien sabe
que ahí,
justo ahí
habita lo sagrado.

Su cuerpo desciende,
se pliega a las orillas
de los que se quedaron sin suelo.
Explora con las alas del aliento
la frescura azul de una pausa.

Cada pringa
es un vértice,
una calma desbordada,
un cristal supurando.

La vida se le abre.

El gajo de aire se abre también.
Se hunde.
Se ofrece.
Aletea.
Jugando, así,
hasta tocar la eternidad.

OXYGEN

It came from the wind,
the tremor that sits
on our bones
and opens the warm curve of this instant.

The light spreads
like someone who knows
that there,
exactly there,
inhabits secrecy.

Its body descends,
bends the edges
of one who ended without soil.
Explores with the breath's wings
the blue freshness of a pause.

Every drop
is a vortex,
an overflowed calm,
a crystal suppurating.

Life opens itself.

A piece of air opens itself too.
It sinks.
It offers itself.
Flaps.
Playing that way
until it touches eternity.

Corte informativo

Red Futuro y FAICIC lanzaron la campaña "Unidos Somos Más Fuertes", estableciendo un centro de acopio en Av. 16 de septiembre 1165, Ricardo Flores Magón, Veracruz. Este centro recolectó víveres para las familias afectadas de los municipios de Alvarado y La Mixtequilla.

La campaña tuvo una duración de una semana, culminando con la entrega de todo lo recolectado a los damnificados. La respuesta de la comunidad fue impresionante. Veracruz demostró su espíritu solidario y gracias a las donaciones, muchas familias pudieron comenzar a reconstruir sus vidas. Este tipo de iniciativas llevan un mensaje de esperanza y resiliencia, demostrando que la unión hace la fuerza.

Fin de la transmisión. Ya puede dejar de sintonizarnos, esta radio se auto-destruirá al término de este mensaje.

Red Futuro and FAICIC released the "Together We Are Stronger" campaign, establishing a collection center in 16 September 1165 Avenue, Ricardo Flores Magón, Veracruz. This center collected food supplies for the affected families in the cities of Alvarado and La Mixtequilla.

The campaign lasted a week, ending when everything collected was delivered to the victims of the hurricane. The response of the community was impressive. Veracruz showed their solidarity of spirit, and thanks to the donations, several families could start to rebuild their lives. These kind of initiatives carry a message of hope and resilience, demonstrating unity makes strength.

End of transmission. You can stop tuning use in now, this radio will self destruct at the end of this message.

[…] logré escapar de ellos, estoy bien. Ahora sé que estoy mejor. Uno no se da cuenta de estas cosas cuando mira muy de cerca. La vida se desmoronaba, pero ya no más. Ahora sé hacia dónde quiero ir. Los gritos ya no son el problema. Gracias por no dejarme solo cuando las cosas se complicaron, ¿recuerdas todas esas frases sueltas regadas entre risas, abrazos y sueños? Yo no, ya no las recuerdo… es por eso que debemos reencontrarnos. Si no, voy a pensar que me estoy volviendo loco. *Hazte para acá, mi amor. No pases junto a él.* No abandono la idea de volverte a ver, llevando tu viejo sombrero de paja o tus vestidos largos con escarcha. ¿Qué estarás haciendo? Intentando guardar el silencio en una botella de cristal, supongo. Así eras tú. Tan tú. *Pobre de él. Ojalá venga alguien a llevárselo, está dando mal aspecto.*

Ahora que soy libre, me quedaré a dormir sobre el rocío de las mañanas que me quedan antes de ir a verte. Nadie podrá sacarme de aquí, mis vecinas serán las orugas y me mantendrán al tanto de lo que pasa en el lugar.

Mis amigas serán las hormigas y no dejarán que me muera de hambre. *Dale una moneda. Ten cuidado, no vayas a despertarlo.* En cuanto a él, procuré hacer lo que me pediste. Tu secreto está a salvo conmigo. Ya nadie volverá a pronunciar su nombre y, en caso de hacerlo, nadie atenderá el llamado. No volverá a romperte la vida por la mitad ni a ti ni a ninguna otra. No volverá a demoler más casas desde el interior de tu habitación. Ahora eres libre tú también. Ahora hay justicia.

Y me aferro, me aferro, me aferro al rocío, pero escucho voces en el exterior. ¿Alguien viene a verme? ¿Eres tú?

Creímos que estaba dormido, pero… ¡Dios mío! ¡Alguien llame a una ambulancia!

[...] I managed to escape from them, I'm fine. Now I know I'm better. You can't see these things when you look too close. My life was falling apart, but not anymore. Now I know where I want to go. The screams are not the problem. "Thanks for not leaving me alone when things got complicated", remember all those loose phrases, dropped between laughs, hugs and dreams? Not me, I don't remember them anymore… that's why we should meet again. If we do not, I will lose my mind. *Come here, my love. Don't walk next to him.* I refuse to abandon the idea of seeing you again, wearing your old straw hat or your long sequined dresses. What could you possibly be doing? Trying to keep the silence in a glass bottle, I suppose. You were like that. That's so "you". *Poor thing. I hope somebody comes to get him, he looks really bad.*

Now that I'm free, I'll stay overnight on the dew of my remaining mornings before I go to see you. Nobody could take me out of here, my neighbours will be the caterpillars and they will keep me informed about whatever happens in this place.

My friends will be the ants, and they will not let me starve. *Give him a coin. Be careful, don't wake him up.* As for him, I will try to do what you asked me. Your secret is safe with me. Nobody will pronounce his name and, in case they do it, nobody will answer the call. He will not tear a life in half, to you nor anyone else ever again. He will not demolish any other house from inside your room ever again. Now you're free too. Now there is justice.

And I hang on, hang on, hang on to the dew, but I hear voices outside. Is there anyone coming to see me? Is that you?

We believe he was asleep, but… My God! Somebody call an ambulance!

NUEVO DÍA

Se abrieron otra vez
de par en par
las puertas del cielo,
las nubes acordaron
dar a luz el río.

El agua nos acarició
el alma
y la acomodó detrás de tus orejas.

Los soles
de los días anteriores
olvidaron sus penas,
así despertaron
las viejas semillas
que durmieron debajo de la tierra,
así emergió del mar
la mirada exacta,
la palabra precisa.

NEW DAY

The sky doors
swung wide open
once again,
the clouds agreed
to give birth to the river.

The water caresses
our souls
placing them behind your ears.

The suns
of the past days
forgot their sorrows,
thus awoke
the old seeds
who slept under the soil,
thus emerged from the sea
the exact gaze,
the precise word.

Y MAÑANA SERÁ SÁBADO

Despegan los alevines
a la mañana aproximada,
saltando
al lóbrego encuentro
de sus pies invertebrados.

¡Espera, espera, espera!

La vida, luz que rasga el junco,
musgo danzando entre los muslos del agua.
La muerte, cuerpo malherido,
alimento servido a la boca del tiempo.

Ahora que te fuiste,
soy el insecto atrapado
en la superficie
con el sol mirándome la cara.

Ahora que te fuiste,
se durmieron el roble,
el toche,
el besugo.

. . .

AND TOMORROW WILL BE SATURDAY

The fry takes off
at the approximate morning,
jumping
to the murky encounter
of their invertebrate feet.

Wait, wait, wait!

Life, light that tears the bulrush,
moss dancing between the thighs of water.
Death, bad-wounded body,
food served to time's mouth.

Now that you left,
I'm an insect trapped
on the surface
with the sun looking at my face.

Now that you left,
they slept, the oak,
the armadillo,
the sea bream.

. . .

...

Muéstrame tus manos
quiero ver otra vez
dónde nace el río,

quiero ver otra vez
despegar los alevines
a la mañana aproximada,

sabiendo que el roble
ya no será roble.

¿Y qué si nosotros
seguimos flotando
entre círculos?

Sólo así podremos engañarnos
antes de ir a buscarte
a la cima de un abismo.

. . .

Show me your hands,
I want to see again,
where the river is born,

I want to see again,
the fry taking off
at the approximate morning,

Knowing that the oak,
won't be oak.

And what if we
keep floating
in circles?

Only like that could we deceive ourselves
before going to get you
at the top of an abyss.

Josué Gamboa Enríquez

(1998)

Nacido en el Puerto de Veracruz, México, con ferviente pasión por la poesía, prosa, y la particularidad del pensamiento humano. Incursiona en la literatura por primera vez en el 2018, con poemas que permanecen inéditos al día de hoy. Se gradúa en Psicología Social, realizando sus estudios en la Universidad Mexicana, en Veracruz, Ver.

Con la variedad de experiencias acumuladas antes, durante y después de sus estudios, comienza la creación del poemario "Todo lo que vivimos en el agua", combinando diversos temas en los que destaca la pérdida, el recuerdo, y la metamorfosis en diversas personalidades a lo largo del libro, al igual que una narrativa en interludios que integra cada sección de la obra.

Actualmente, trabaja en la cafetería de una librería, donde surge gran parte de su inspiración literaria. Además de ser escritor residente en Rose and Stone Media.

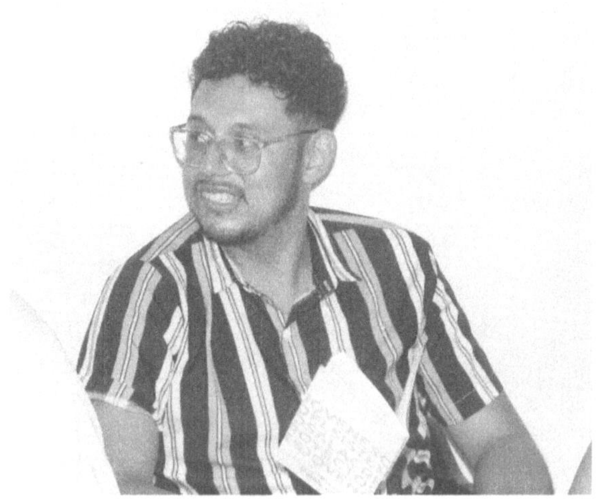

Born in the Port of Veracruz, México, with a fervent passion for poetry, prose, and the particularity of human thought.

In 2018, he ventured into literature for the first time, with poems that remain unedited until this day. He graduated in Social Psychology, studying at the Mexican University, in Veracruz, Ver.

Using the wide variety of experiences accumulated before, during, and after his studies, he starts the creation of the poetry book "Everything we Experience in Water", combining several topics such as grief, memories, and metamorphosis in diverse personalities along the book, as a narrative in interludes that integrates every section of this work.

At present time, he works at a library's cafeteria, where the vast majority of his inspiration emerges. Furthermore, he's a resident writer in Rose and Stone Media.